PRÉCIS

Comparatif et Analytique

DES

FAUSSES MONNAIES

Fait au point de vue de l'expertise légale,

Par F. SIMON,

Ex-Pharmacien, Essayeur des matières d'Or et d'Argent

Au bureau de garantie de Lille,

Membre de la Société centrale de médecine du département du Nord.

LILLE,

IMPRIMERIE DE LEFEBVRE-DUCROCQ, PLACE DU THÉATRE, 36.

—

1850.

PRÉCIS

COMPARATIF ET ANALYTIQUE

DES

FAUSSES MONNAIES.

PRÉCIS

Comparatif et Analytique

DES

FAUSSES MONNAIES

Fait au point de vue de l'expertise légale,

Par F. SIMON,

Ex-Pharmacien, Essayeur des matières d'Or et d'Argent

Au bureau de garantie de Lille,

Membre de la Société centrale de médecine du département du Nord

LILLE,

IMPRIMERIE DE LEFEBVRE-DUCROCQ, PLACE DU THÉATRE, 36.

—

1859.

PRÉCIS

COMPARATIF ET ANALYTIQUE

DES

FAUSSES MONNAIES.

Les essayeurs de la garantie étant, en province, les seuls employés de la Monnaie qui s'occupent de l'analyse des métaux, il est tout naturel que la justice s'adresse à eux pour connaître la nature des fausses pièces de monnaie, quand elle a sous la main ceux qui sont soupçonnés de les avoir fabriquées: Cette mission est très difficile, en même temps qu'elle est fort délicate à accomplir; car une maladresse de l'expert peut, tout en lui faisant perdre misérablement sa liberté, apporter sur un individu non coupable la honte et l'infamie. Aussi, est-il de toute nécessité que l'essayeur qui accepte ce mandat, possède assez de connaissances en chimie pour être certain de ne pas se tromper (a)

(a) Comprenant les circonstances difficiles dans lesquelles peut se trouver quelquefois l'essayeur, l'administration des monnaies a adressé aux contrôleurs de garantie une circulaire dans laquelle on remarque le passage suivant : *lorsqu'il y a lieu à la nomination d'un essayeur pour un bureau de garantie, le contrôleur peut inviter le Préfet à donner la préférence à un pharmacien, attendu qu'ils conviennent mieux à ces places que qui ce soit.* (11 Février 1811).

Mais, quel que soit le talent d'un essayeur de garantie, quand il est pris au dépourvu et mis en présence d'alliages autres que ceux qu'il a à examiner d'habitude, quand surtout, pour en faire l'analyse, on ne met à sa disposition (et c'est là ce qui arrive le plus fréquemment), qu'une seule prise d'essai, il hésite : il consulte ses livres presque toujours inutilement; il cherche à se rappeler les expériences du même genre qu'il a pu faire; il se donne beaucoup de peine pour se fixer sur les moyens qu'il doit employer. Que de temps perdu! Enfin, il se met à l'œuvre, mais il doit se hâter, et il en résulte que, malgré sa science, il finit souvent par n'apporter à la justice que le résultat douteux d'un travail incomplet.

Pourquoi donc en est-il ainsi? C'est que l'essayeur manque de guide. De tous les auteurs qui ont écrit sur l'art des essais, un seul, M. Chaudet, ancien essayeur des Monnaies de France, s'est occupé de l'analyse des fausses monnaies; mais l'ouvrage de cet habile praticien, quoique parfaitement écrit et suffisamment développé sous certains points de vue, quoique riche en bons et utiles enseignements dont je déclare avoir tiré le plus grand parti possible pour la composition de ce livre, n'est cependant ni assez méthodique ni assez complet pour l'instruction de l'essayeur-expert. En outre, M. Chaudet, dans ses expériences, n'a pas procédé de l'inconnu au connu, il a constamment opéré sur des alliages qu'il avait lui-même composés et dont il désigne à l'avance et les éléments et les quantités. Il n'apprend pas à chercher, en un mot, il donne des résultats prévus; cette marche est défectueuse. Toutefois, je dois rendre justice à cet estimable auteur dont la modestie a égalé le mérite, et je m'empresse de transcrire ici ce qu'il a dit au sujet de son chapitre relatif à l'essai des fausses monnaies : *Cette partie importante de l'art de l'essayeur ne se trouve dans aucun ouvrage de ce genre et je m'étonne qu'elle n'ait point été l'objet d'un article particulier de la part des savants qui ont écrit sur l'art des essais, car de tout temps, il a existé des faux monnayeurs. Le travail que je présente ici ne doit être considéré que comme l'idée-mère d'un ouvage qu'un autre tracera sans doute un jour.* (Art de l'essayeur par M. Chaudet, chapitre XVII, 1835.)

Aujourd'hui, le vœu de M. Chaudet n'a pas encore été accompli !

Il fallait aux essayeurs un travail complet mais court ; un de ces résumés qui, en quelques heures, leur rappelât les procédés qu'ils doivent employer pour pouvoir immédiatement et sans hésitation mettre la justice à même de prononcer un jugement équitable. C'est là ce qui m'a déterminé à réunir dans un petit nombre de pages les notions que doivent posséder ces fonctionnaires, quand ils acceptent l'expertise en matière de fausse monnaie.

I.

Avant d'indiquer les moyens propres à reconnaître, soit physiquement, soit chimiquement les fausses pièces de monnaie, il est utile que je commence par donner les caractères généraux de la monnaie légale.

COMPOSITION ET PROPRIÉTÉS PHYSIQUES DES PIÈCES DE BON ALOI.

TITRES.

Depuis la création de la monnaie décimale (loi du 28 thermidor an III), le titre a toujours été, pour l'or et pour l'argent, de 900 millièmes de fin. Mais comme, par l'opération de la fonte, il était impossible d'arriver au titre mathématique, on a accordé aux directeurs des Monnaies 4 millièmes, dits de *tolérance*, pour l'or et par gramme, savoir : 2 millièmes en dessus et 2 millièmes en dessous ; et pour l'argent, depuis l'an III jusqu'à l'an X, de 14 millièmes pour l'argent, 7 en dessus et 7 en dessous.

A partir du 7 germinal an XI, la tolérance pour l'argent descend à 6 millièmes, 3 en dessus et 3 en dessous. Cet état dure jusqu'en 1849.

Mais en 1830, M. Darcet démontre ce que M. Tillet annonçait déjà en 1760, que la coupelle, en essayant l'argent à 900 millièmes, absorbe 4 millièmes qui n'ont jamais été comptés. De sorte qu'il en était résulté que l'argent que l'on croyait à 900 millièmes avait réellement 904 millièmes. C'est alors que M. Gay-Lussac fait connaître son mode d'essai par la voie humide. Ce procédé si exact confirme les opérations de M. Darcet et devient obligatoire pour toutes les monnaies. (Ordonnance royale du 6 juin 1830.)

En même temps, l'art de l'affineur se perfectionne ; et comme on savait que l'argent des mines est toujours plus ou moins aurifère, on affine cette matière en en retirant avec profit un demi-millième à un millième d'or environ qu'elle contient. (a)

Si l'art de l'essayeur et celui de l'affineur deviennent plus parfaits, l'art du fondeur ne reste pas non plus en arrière, et c'est à peine si la tolérance a encore sa raison d'être, lorsque des expériences d'une autre nature viennent faire surgir un nouvel obstacle à ce perfectionnement. Cet obstacle qu'on ne

---

(a) C'est lorsque la science eut fait connaître cette plus-value, qu'on vit naître une industrie illicite qui consiste à fondre les pièces en lingots pour les exporter et les vendre avec prime à l'étranger. Cette industrie non autorisée s'appelle *triage*.

peut éviter dans l'état actuel de la science consiste dans l'impossibilité d'avoir un lingot parfaitement homogène : *le titre va toujours en augmentant des bords au centre.*

M. Merklein établit que sur des lingots de 4 kilogrammes, il peut se trouver entre deux points du même lingot un écart de 14 millièmes.

Cinq essais faits à la Monnaie de Paris sur une pièce de cinq francs, du bord au centre, donnent 897, 897 25, 898, 899 et 900 75. Moyenne 898 15.

M. Leval, essayeur, constate en opérant sur une sphère en argent de 500 grammes à 900 millièmes, 2 millièmes 39 en moins à la surface, et 8 millièmes 36 en plus au centre. (*a*)

Les lingots d'or présentent aussi des écarts, mais ils sont moindres.

Par ce motif, en 1849 (décret du 22 mai), on conserve la tolérance du titre, mais on la fixe à 2 millièmes en dessus et en dessous pour l'argent comme pour l'or.

RÉCAPITULATION.

De l'an III à l'an XI, or,   898 à 902
                  argent, 893 à 907 [mais réellement 897; à 911, l'or compris.]
De l'an XI à 1830, or,   898 à 902
                  argent, 897 à 903 [mais réellement 901 à 907 l'or ; compris.]
De 1830 à 1849, or,   898 à 902
                  argent, 897 à 903
A partir de 1849, or,   898 à 902
                  argent, 898 à 902

(*a*) M. Leval a cru trouver une combinaison intime dans ses proportions d'alliage : Argent, 718 93, cuivre, 281 07. Cette observation a besoin d'être confirmée.

VALEUR, POIDS ET DIAMÈTRE DES MONNAIES FRANÇAISES.

OR.

Valeur.	Poids.	Diamètre.
100 fr.	32 258 grammes.	35 millimètres.
50	16 129	28
40	12 903	26
20	6 451 (*a*)	21
10	3 225	19
5	1 612	17

ARGENT.

Valeur.	Poids.	Diamètre.
5 francs.	25 grammes.	37 (*b*) millimètres.
2	10	27 (*b*)
1	5	23 (*b*)
» 50	2 50	18
» 20	1	15

L'impossibilité d'obtenir une égalité relative absolue sur le poids de chaque pièce quoique pesée une à une, a fait accorder à la fabrication, depuis l'adoption de la monnaie décimale,

---

(*a*) 155 de ces pièces pèsent un kilogramme comme 40 pièces de 5 francs en argent.

(*bbb*) 27 pièces de cinq francs mesurent 999 millimètres.

19 pièces de cinq francs et 11 pièces de deux francs, ou bien 20 pièces de deux francs et 20 de un franc donnent juste un mètre.

Remarque. La légère saillie des lettres de la tranche n'est pas comptée.

une tolérance de trois millièmes par grammes en dedans ou en dehors pour la pièce de cinq francs, et de deux millièmes pour les pièces d'or. Malgré cela, 40 pièces de cinq francs pèsent toujours un kilogramme, parce que s'il se trouve des pièces de 24 grammes 97 milligrammes, il y en a d'autres qui ont 25 grammes 3 milligrammes. (a)

La tolérance sur le poids des petites pièces d'argent a été beaucoup plus large, cela va sans dire, puisque, pour arriver à une même somme d'argent représentée par des pièces de cinq francs, il faut infiniment plus de pesées. Elle a été établie de la manière suivante :

2 et	1 fr.	5 mill^{es} en dessus.	5 mill^{es} en dessous.	= 10
	50 c.	7	7	= 14
	20	10	10	= 20

De sorte que l'on peut trouver de bonnes pièces ayant le poids suivant :

OR.

Dénomin. des pièces.	Plus. bas. à moins d'un mill. près.	Moyenne.	Plus haut. à moins d'un mill. près.
fr			
100	32 194	32 258	32 322
50	16 097	16 129	16 161
40	12 877	12 903	12 929
20	6 438	6 451	6 464
10	3 219	3 225	3 231
5	1 609	1 612	1 615

(a) Les manipulateurs coupables dont j'ai parlé tout-à-l'heure s'appliquent aussi à choisir les pièces dont le poids dépasse la moyenne. Cette nouvelle opération de leur part s'appelle *trébuchage*.

ARGENT.

Dénomin. des pièces.	Plus bas.	Moyenne.	Plus haut.
5 fr.	24 925ᵍʳ	25	25 075
2	9 950	10	10 050
1	4 975	5	5 025
50	2 482 5	2 50	2 517 5
20	990	1	1 010

COULEUR DES PIÈCES D'OR.

L'or varie de couleur selon la nature du 10° avec lequel on l'allie. Si c'est du cuivre pur, l'or est rouge ; est-ce un mélange de cuivre et d'argent ? il est jaune ; il est vert pâle si c'est de l'argent seulement. Aujourd'hui, on a admis un alliage fixe qui fait que toutes les nouvelles pièces sont de la même couleur, tandis qu'anciennement les *louis* présentaient des différences notables sous ce rapport. Mais, comme on le voit, la couleur n'apportait aucun changement au titre de 900 millièmes de *fin*.

SON.

Les pièces d'or et d'argent devraient être toutes sonores, mais il n'en est pas toujours ainsi. Bien souvent, divers caissiers sont venus me faire toucher des pièces de bon aloi et qu'ils croyaient fausses parce qu'elles ne donnaient aucun son en les jetant sur un marbre. C'est peut-être un tort de la part des monnaies de les mettre en circulation, parce qu'elles sont toujours l'objet d'un doute inquiétant pour ceux qui les possèdent. Une légère gerçure, une écaille isolée, un peu d'alliage légèrement oxydé, suffisent pour occasionner ce défaut.

PESANTEUR.

La pesanteur des pièces d'or varie entre :
17,222 et 17,595.

Celles des pièces d'argent varie depuis :
10,257 jusqu'à 10,306.

Remarque. Cette différence est due pour l'or à la nature de l'alliage, et de plus, au récrouissage provenant de la *Frappe*. Pour l'argent, elle est due à cette dernière cause seulement.

EFFIGIE.

La tête qui est sur les monnaies d'or est toujours opposée à celle qui est sur les monnaies d'argent.

PIÈCES D'OR.

Napoléon Ier,	Tête à gauche.
Louis XVIII,	» à droite.
Charles X,	» à droite.
Louis-Philippe,	» à gauche.
République,	› à droite.
Napoléon III,	› à droite.

TRANCHE.

Avant 1830, les pièces de monnaie étaient frappées en viroles pleines avec les lettres de la légende sur tranche marquées en creux. Depuis 1830, on a adopté, pour les pièces de cent, de cinquante et de vingt francs en or, et de cinq francs en argent, la marque en relief au moyen de la virole brisée. Les pièces de dix et de cinq francs en or, ainsi que les petites pièces d'argent sont, depuis la même époque, cannelées sur le bord.

LETTRE INDICATIVE DE CHAQUE HOTEL DES MONNAIES.

Paris.	A
Marseille	M

Lyon . . . . Ð

Lille . . . . W

Strasbourg . . . . BB

Bordeaux . . . . K

Rouen . . . . B

Nantes . . . . T

Perpignan . . . . Q

Toulouse . . . . M

Bayonne L

Limoges . . . . J

La Rochelle . . . . H

Tel était le nombre des hôtels des monnaies en 1825, époque à laquelle j'ai cru devoir remonter. Depuis, la plupart de ces hôtels ont été successivement supprimés. Je crois même qu'à partir de 1857, le privilége de battre monnaie a été réservé à Paris seulement. (*a*)

———

II.

FAUSSE MONNAIE.

Il y a deux espèces de fausses pièces de monnaie :

1° Les pièces ne contenant ni or ni argent.

3° Les pièces contenant or ou argent.

(*a*) Les presses monétaires établies à la monnaie de Paris par M. *Tonnelier* ont complétement remplacé les anciens balanciers, beaucoup moins parfaits sous tous les rapports.

Cinq de ces nouvelles presses employées au monnayage des

C'est de la première espèce que nous allons particulièrement nous occuper, attendu qu'elle présente plus d'avantages aux fabricateurs, à cause de la simplicité et de la facilité qu'elle offre dans son exécution.

Elles sont toujours coulées.

PREMIÈRE ESPÈCE.

Lorsque l'analyse d'un certain nombre de pièces est confiée par la justice à l'essayeur, il doit commencer, pour se fixer sur le nombre d'opérations à faire, par établir, s'il y a lieu, plusieurs catégories. Il n'atteindra ce but qu'après avoir porté toute son attention sur les propriétés physiques , *le diamètre, la couleur, l'odeur, l'impression reçue par le toucher, la dureté et la malléabilité, le son, le poids et la pesanteur.* Il faut en outre qu'il se mette à même de répondre aux trois questions suivantes :

Quel a été le mode de fabrication ?

Le même type a-t-il servi pour chaque effigie de même valeur ?

Le même moule a-t-il servi à fabriquer plusieurs pièces ?

---

pièces de cinq francs peuvent produire 5 à 600,000 fr. par jour, et c'est à peu près la quantité de monnaie que l'on fabrique.

Voici ce qu'on peut obtenir au besoin dans un temps donné :

Pièces de cinq francs.	50 à 55 par minute.	
— de deux francs	55 à 60	—
— d'un franc	60 à 65	—
— de cinquante centimes .	65 à 70	—
— de vingt centimes	70 à 80	—

2

PROPRIÉTÉS PHYSIQUES.

DIAMÈTRE. Le diamètre est un caractère peu important ; car si les pièces sont coulées, il est le même que celui du type. Et si, ce qui n'a presque jamais lieu, elles sont frappées, il n'en diffère pas encore, car le graveur du poinçon n'a pas manqué de le prendre d'une manière exacte.

COULEUR. L'étain, à raison de sa blancheur, est toujours la base des fausses pièces de monnaie ne contenant ni argent, ni platine. Mais comme la matière de ces pièces est toujours un alliage binaire ou ternaire, il en résulte que leur aspect varie selon la nature et la quantité du métal ou des métaux unis à l'étain.

Voici la couleur de quelques alliages sur lesquels M. Chaudet a fait ses expériences :

Étain 75, Antimoine 25.

Alliage blanc d'argent.

Étain 80, Zinc 20.

Moins blanc que l'étain.

Étain 75, Bismuth 25.

Gris.

Étain 90, Plomb 10.

Blanc gris.

Étain 80, Plomb 10, Antimoine 10.

Gris.

Odeur. Les pièces dans la composition desquelles entrent de l'étain, du plomb, de l'antimoine et du zinc, sont seules odoantes, surtout si on les chauffe un peu par le frottement. Elles dégagent une odeur métallique extrêmement sensible, si elles sont en étain et en plomb.

Impression reçue par le toucher. Toutes les pièces composées avec de l'étain, du plomb, du zinc, de l'antimoine ou du bismuth sont grasses au toucher. C'est un caractère très-précieux.

Dureté et malléabilité. L'étain, du moins tel qu'on le trouve dans le commerce, toujours mélangé de plomb, est un métal trop mou pour être employé seul ; pour le durcir, on l'allie avec du zinc, du bismuth, et plus communément avec de l'antimoine.

Voici l'état de dureté et de malléabilité des alliages précédents .

Étain et Antimoine.

S'aplatit et se lamine assez bien, mais finit par se gercer.

Étain et Zinc.

Doux sous le marteau et le laminoir.

Étain et Bismuth.

S'aplatit d'abord sous le marteau et finit par s'y briser.

Étain et Plomb.

Doux sous le marteau et le laminoir.

Étain, Plomb et Antimoine.

S'aplatit bien sous le marteau et se lamine en se gerçant très-légèrement.

Son. A l'exception de l'alliage d'étain et d'antimoine qui est assez sonore, toutes les pièces grasses au toucher sont plus ou moins sourdes.

Poids. Si les pièces coulées dans un moule devaient peser de même, le poids serait un caractère d'une très-grande valeur, mais il est loin d'en être ainsi : J'ai vu des pièces de même nature, coulées dans le même moule, varier depuis 18 jusqu'à 25 grammes. Il y a pour cela deux raisons : la première, c'est que le fabricateur qui ne s'attache pas à reproduire le cordonnet (*a*), lime les bords de la pièce sans beaucoup

---

(*a*) Cordonnet ou légende, c'est l'inscription qui se trouve sur la circonférence de la monnaie qu'on appelle *tranche*.

s'inquiéter du poids qu'elle aura lorsqu'elle sera terminée ; la seconde, c'est que le moule étant trop froid, ou la matière n'étant pas assez chaude, il en résulte que les empreintes sont plus ou moins mal prises, et qu'alors elles ont exigé moins de matière que si elles avaient été très-exactement moulées.

Pesanteur. La pesanteur doit être constatée avec un soin extrême à l'aide d'une balance hydrostatique. C'est peut-être l'opération la plus difficile à exécuter, mais c'est aussi une des plus importantes, car elle indique à peu près la nature d'un alliage. En effet, si la pesanteur varie comme la composition de la matière, d'un autre côté elle est toujours la même pour une même composition, quelle qu'en soit la forme ou la quantité. Admettons, par exemple, que la pesanteur ne dépasse pas 7,28, ne sera-t-on pas en droit de conclure que l'alliage n'est composé que de métaux dont la pesanteur ne va pas au-delà de ce chiffre, et qu'il ne peut, par conséquent, être formé que d'étain, de zinc et d'antimoine ? Que l'alliage, au contraire, dépasse 7,28, il deviendra alors certain qu'il contient du cuivre ou du bismuth, mais bien plus probablement de l'antimoine. Ce pourrait être aussi du plomb, quoique ce métal rende l'alliage et moins dur et plus terne ; car à la portée du fabricateur qui n'est souvent qu'un malheureux sans ressource et presque sans asile, ne se trouvent guère que des alliages qui en contiennent une quantité plus ou moins considérable. Dans ce cas, la couleur et le peu de dureté viendraient évidemment au secours de l'essayeur.

Voici la pesanteur des métaux servant à la fabrication de la première comme de la seconde espèce de fausses monnaies.

	Pesanteur		degré de fusibilité
Platine.	20,33	22,06 laminé.	infusible au feu de forge le plus violent
Or.	19,26 fondu	19,36 forgé.	1102° du ther. c.
Argent.	10,47 »	10,54 écroui.	1022 »

Plomb.	11,35	à	11,45		312° du ther. c.
Bismuth.	9,82	à	9,88		246	»
Cuivre.	8,85 fondu		8,95	forgé ou laminé 1092	»
Étain.	7,28	à	7,29		230° c.
Zinc.	6,86	à	7,19		370	»
Antimoine.	6,72	à	6,86		430	»

MODE DE FABRICATION.

Cette question étant toujours adressée à l'expert, il est convenable de la traiter avec quelque étendue.

Puisque les pièces de la première espèce sont toujours coulées, indiquer le genre de moule c'est indiquer le mode de fabrication. Je vais passer en revue tous ceux que j'ai été à même d'examiner. Je dirai comment on les construit, comment on les dispose pour recevoir le métal fondu, et comment, en observant bien les pièces fabriquées, on peut presque toujours se fixer sur la manière dont elles ont été faites.

1° *Avec de la craie en poudre.* On prend deux planchettes de 8 à 10 centimètres de hauteur et d'autant de largeur; on pratique au milieu de chacune d'elles un trou du diamètre et de l'épaisseur de la pièce qu'on veut imiter, à partir de chaque trou on fait une entaille en forme de V, de telle sorte que les deux planchettes étant réunies, le petit appareil présente à sa partie supérieure l'ouverture d'un entonnoir dont l'extrémité communique au centre. Cette extrémité doit être aplatie, moins épaisse que la pièce, mais de la largeur d'au moins 25 millimètres. On remplit alors chaque cavité du centre de craie finement pulvérisée; on place la pièce type entre les deux, et, à l'aide d'un étau quelconque, on serre fortement les deux planchettes jusqu'à ce qu'elles se joignent de toutes parts. Les deux parties de l'entonnoir doivent être bien en face l'une de l'autre. Cela fait, on sépare les deux côtés du moule puis, par une légère secousse, on fait tomber la pièce d'argent. Le petit appareil est alors replacé verticalement dans son étau et on y coule le métal.

Ce moule, quoique composé d'une matière peu solide, pourrait servir pour fabriquer plusieurs pièces, mais comme à chaque fois qu'on s'en sert, il se produit toujours quelques petits éclats, il vaut mieux le recommencer puisqu'il est si simple et si facile à faire. Les défauts qui résultent des parcelles détachées sont naturellement reproduits sur la fausse pièce, et il est bien facile de les reconnaître : ils consistent en des cassures peu nettes d'angles de traits ou de lettres, ou bien en des bosses irrégulières plus ou moins élevées sur quelque point de l'une des surfaces.

Les pièces fabriqués par ce procédé sont ordinairement des pièces de 1 et de 2 francs. Elles n'ont pas de cordonnet, la bordure est limée, et leur épaisseur est très-variable.

2° *Avec du plâtre*, pour les pièces de un et de deux francs dont on n'examine généralement pas la tranche, on les fait comme par le procédé précédent; seulement, au lieu de craie on emploie du plâtre délayé. Le type, frotté avec un linge gras, est à demi enfoncé dans le plâtre de l'une des deux planchettes; la matière qui déborde est enlevée aussitôt durcie. Un papier découpé et huilé vient entourer la face nue de la pièce, et la seconde planchette, garnie de plâtre comme la première, est appliquée dessus. On laisse durcir, on sépare et on fait sécher.

Mais pour les pièces de cinq francs, la marque de la tranche est absolument nécessaire, car elle est en relief et trop apparente sur les bonnes pièces pour qu'on les néglige sur les fausses; aussi le moule dont on se sert est-il bien plus compliqué.

Voici le procédé généralement suivi pour le confectionner : avec un chiffon et de l'huile, graissez très-légèrement le coin d'une table de marbre ou même de bois bien unie, et posez-y une pièce de cinq francs également grasse; coulez autour de cette pièce une certaine quantité de plâtre de manière à ne pas la recouvrir, mais seulement à l'entourer de 6 à 8 centimètres de cette matière ; à l'aide d'une autre petite planche, opérez une certaine pression et maintenez le tout dans cet état jusqu'à ce que le plâtre soit durci. Alors, vous retirez la planchette et vous entourez la partie supérieure de la pièce d'une bande de papier huilé, en ayant soin de ne dépasser ses bords que de 3 centimètres environ. Vous recouvrez le tout d'une nouvelle couche de plâtre égale à peu près en étendue à la première. Un quart d'heure âpres, vous faites la même opération de l'autre côté. Le moule ainsi préparé étant bien durci, vous faites trois crans assez profonds pour que le papier huilé soit entamé de 1 centimètre. Ces crans destinés à relier au besoin, à l'aide d'une ficelle ou d'un fil de fer, toutes les parties du moule entre elles, doivent être disposés de telle sorte qu'ils ne viennent tomber qu'entre le milieu de chaque tiers du cercle parfaitement distinct sur les bonnes pièces. Cela fait, vous rognez jusqu'au papier huilé la masse retenue seulement par ses bords, et dès-lors, la partie inférieure et la partie supérieure se détachent d'elles-mêmes. Enfin, la matière qui borde la pièce est sciée en trois endroits, de manière que chaque coup de scie vienne correspondre juste à une des divisions de la tranche du type.

Il ne s'agit plus, pour terminer le moule, que de faire une ouverture propre à recevoir le métal fondu.

Si on veut couler la pièce verticalement, on pratique, comme on le fait sur les planchettes, un petit entonnoir pour arriver sur l'épaisseur de la cavité; mais si on veut la couler horizontalement, il faut mettre le moule à plat et y creuser un entonnoir dont l'extrémité recourbée à angle droit vienne aboutir au cordon.

Ces moules, moins tendres que les premiers, peuvent servir plusieurs fois.

Les cassures, quoique offrant les mêmes caractères que les précédentes, sont néanmoins plus nettes.

Remarque. Les moules dont nous venons de parler, sont employés froids; aussi, toutes les pièces qui en proviennent se ressentent-elles de l'abaissement subit de température que le métal a éprouvé lorsqu'il y a été jeté. Si la coulée a été verticale, la partie supérieure de la pièce est mal imprimée des deux côtés; si elle a été horizontale, c'est une face entière, (celle de dessus toujours), qui présente ce défaut. De là ces variations de poids qu'on remarque entre les fausses pièces, quoique de même matière et coulées dans le même moule.

3° *Avec du plâtre en poudre et de l'huile de colza.* — Avec du plâtre en poudre et de l'huile de colza, on fait une pâte avec laquelle on prend des empreintes, comme nous venons de l'expliquer, si ce n'est que cette matière est maniée comme mastic au lieu d'être coulée comme plâtre. Lorsque la masse est à demi séchée, on la divise en cinq pièces que l'on porte dans un four; ces pièces y acquièrent une grande dureté, sans que la forme s'en altère. Par ce moyen, on fait de fort belles pièces de monnaie, constamment uniformes, dont les angles pourtant ne sont pas encore aussi saillants que le seraient ceux des pièces obtenues par le procédé qui va suivre.

Ce moule est très-solide, se conserve bien, et offre l'avantage de pouvoir être chauffé. Il est employé surtout par les Italiens.

4° *Empreintes galvaniques.* — Comme expert, je n'ai jamais vu de moules faits par ce procédé; mais tout me fait croire qu'ils ont déjà été employés avec succès par certains faux-monnayeurs (a);

(a) J'ai eu à examiner une pièce de deux francs en étain pur qui, à mon avis, avait été faite ainsi. Sans hésiter, j'ai exprimé cette opinion dans mon rapport au juge d'instruction qui m'avait interrogé sur le mode de fabrication de cette pièce.

il convient donc que j'en dise ici quelques mots. La science nous ayant appris qu'avec une pile, du sulfate de cuivre et de l'eau **on** obtient des empreintes d'un fini admirable que nul autre procédé ne peut atteindre, nous allons essayer de former **un moule de** cette façon, en nous servant pour pile, d'un petit appareil connu sous le nom d'*électrotype* (a). On commence par faire déposer le cuivre sur la tranche de la pièce qu'on veut imiter. **Quand** la couche de ce métal a l'épaisseur désirable et tandis que le type est encore étreint par la couche qui s'est formée, on lime les bords saillants du cuivre en dessus et en dessous, afin **de** les mettre de niveau avec la pièce de monnaie ; puis, on prend l'une après l'autre l'empreinte des deux faces. Le moule jugé assez solide, on en sépare la pièce supérieure et la pièce infé-rieure ; on scie le cercle en trois parties et on recuit le tout. Enfin, les cinq pièces sont convenablement fixées à autant de morceaux de fer ou de cuivre que l'on a taillés à l'avance de manière à pouvoir les réunir au besoin, comme s'il s'agis-sait de disposer les moules n°s 2 et 3.

Pour construire un semblable moule, il faut, je le sais, beaucoup de temps et une grande adresse ; mais un faux-monnayeur peut être, de son état, mécanicien, graveur, hor-loger, bijoutier ou serrurier ; il peut être en même temps très habile ; et quel dommage y a-t-il pour lui d'attendre douze ou quinze jours ? Quand il est sûr d'arriver à un résultat excellent sous tous les rapports, à son point de vue, bien entendu.

5° Les faux-monnayeurs ne sont pas toujours habiles ou faux-monnayeurs de métier. La misère donne tout-à-coup,

---

(a) Je ne crois pas utile d'expliquer comment on se sert de ce petit appareil ; il me semble que tous les essayeurs doivent le savoir.

et pour un moment, à l'homme le plus inexpérimenté et le plus stupide, la fatale idée de faire quelques fausses pièces de monnaie. Sans s'ingénier à rechercher les instruments qui doivent le mieux servir à ses dessins, il prend tout simplement deux petites masses de mastic de vitrier ou de terre molle quelconque, plus ou moins fine, il les applique sur des pièces de un, deux ou cinq francs, puis, après avoir séparé les deux parties de son moule, il les fait sécher et creuse son entonnoir. Voilà tout son appareil ! Quant aux pièces, il est bien entendu qu'elles porteront les marques du retrait, des fissures, des grains de sable ; qu'elles n'auront pas de cordonnet; que le revers et la tête ne seront pas dans leur véritable position. Mais que font ces inconvénients au malheureux qui les fabrique? Peu habitué à la pureté des lignes, à la régularité des surfaces, il s'imagine qu'on n'y verra pas plus que lui : il cherche d'ailleurs à faire passer ses pièces le soir; mais plus sa fraude est grossière, plus elle est facilement reconnue, aussi celui qui l'a commise ne tarde-t-il pas à se faire mettre sous les verroux.

Remarque. Quand le métal fondu entre dans ces différents moules, les jointures incomplètes permettent toujours à l'air d'en sortir facilement. Le métal lui-même se glisse dans ces intervalles, quelques faibles qu'ils soient. Aussi la pièce refroidie présente-t-elle sur ses bords des bavures que l'on a soin de faire disparaître avec la lime.

SI LE MÊME TYPE A SERVI POUR PLUSIEURS MOULES.

Un type a toujours quelques défauts accidentels : soit quelques raies en sens divers, quelqu'écrasement d'un trait de la face ou d'une lettre; soit une interruption quelconque dans la dentelure qui le borde, occasionnée par le frottement ou le choc d'un corps dur. Ces accidents sont inévitablement reproduits sur le moule, et, par conséquent, sur les pièces qui en proviennent. L'essayeur, à l'aide de la loupe, peut facilement les reconnaître.

SI LE MÊME MOULE A SERVI POUR PLUSIEURS PIÈCES.

Si, à la loupe, et même à l'œil nu, on reconnaît sur les fausses pièces les défauts de la bonne pièce qui a servi de type, on distingue bien mieux encore ceux qui proviennent du moule; car ils sont en général plus apparents, et, ce qui est surtout à remarquer, ces défauts qui sont presque toujours des cassures ou éclats, existent aussi bien sur les parties unies que sur les traits du dessin.

Trois caractères particuliers peuvent encore souvent éclairer sur cette question :

1º Le défaut produit par l'interruption du cercle où a dû aboutir l'extrémité de l'entonnoir, se fait-il remarquer à la même place sur toutes les pièces?

2º Lorsque la tranche est composée de plusieurs parties, les marques occasionnées par les pointes de section, correspondent-elles ensemble, les pièces étant en pile?

3º On sait que le revers de nos pièces de monnaie est en sens inverse de la face; ces deux parties sont-elles relativement bien placées dans les fausses pièces? Si elles ne le sont pas, ce défaut se trouve-t-il plusieurs fois reproduit?

Remarque. Il importe souvent que l'essayeur-expert s'attache à la *facture* de la pièce plus qu'à sa composition même. Cette dernière, en effet, varie à chaque instant; car les fabricateurs de bas étage se servent de toutes espèces de matières facilement fusibles qui leur tombent sous la main, presque toujours en petite quantité. Plusieurs fois, j'ai vu des pièces de composition bien différentes qui, très-certainement, avaient été coulées dans le même moule, par le même individu. J'irai plus loin : l'analyse de plusieurs pièces fabriquées avec la même matière donne souvent des résultats différents, parce que les métaux qui composent l'alliage sont la plupart du temps mal unis.

III.

ANALYSE.

OPÉRATION PRÉLIMINAIRE.

COUPELLATION.

La coupellation, qui est ici un moyen d'analyse assurément fort incomplet, peut, comme on va le voir, donner déjà quelques précieuses indications, et l'expert ne doit pas la négliger, si la quantité de matière qui est soumise à son examen est assez considérable pour lui permettre ce premier et facile essai; sinon il procèdera de suite à l'analyse chimique.

Je vais indiquer les phénomènes essentiels que présente cette opération, avec les métaux et les alliages dont nous avons maintenant à nous occuper.

MÉTAUX SEULS.

PLOMB. Lorsqu'on porte le plomb dans la coupelle, il fond, se couvre d'une couche noire d'oxyde (*sous-oxyde de plomb* Pb^2O), puis se découvre et passe dans la coupelle.

Coupelle froide. Jaune citrin. ($1°$ *oxyde de plomb* PbO).

Remarque. Si le plomb contient du cuivre, la coupelle est tachée de zones plus ou moins verdâtres.

ANTIMOINE. Se couvre d'une couche d'oxyde noire (*sous-oxyde d'antimoine* Sb^3O^2), puis se découvre et passe dans la coupelle.

Coupelle chaude. Jaune citrin.

Coupelle froide. Quelques auréoles d'un rouge sale ($1°oxyde$ *impur* Sb^2O^3)

BISMUTH. Se couvre d'une couche noire d'oxyde (*sous-oxyde*, Composition inconnue) puis se découvre et passe dans la coupelle.

Coupelle froide. Jaune orangé dans quelques parties et d'un vert pré dans d'autres. (1° *oxyde de bismuth* B^2O^3).

ÉTAIN. Se couvre d'une couche noire d'oxyde (1° *oxyde d'étain* SnO), pour se transformer en une masse qui offre çà et là, tant que dure la combustion, des points très-brillants.

Coupelle chaude. Oxyde jaune citrin.

Coupelle froide. Oxyde blanc (*bioxyde* ou *acide stannique* SnO^2.)

ZINC. Se fond en masse pâteuse et s'enflamme. La lumière est d'un blanc verdâtre, très-vive, très-éclatante. (Formation de 1° *oxyde de zinc* ZnO.)

Coupelle chaude. Oxyde verdâtre.

Coupelle froide. Oxyde blanc de neige extrêmement léger.

ALLIAGES.

Les principaux phénomènes de la coupellation des métaux isolés étant connus, nous allons voir qu'il est presque toujours facile de les reconnaître dans celle des alliages binaires ou ternaires dont l'étain, comme l'on sait, est toujours la base.

ÉTAIN ET PLOMB. L'étain s'oxyde avec points brillants et le plomb passe.

Coupelle froide. Masse parsemée de taches, les unes blanches, les autres jaunes, d'autres enfin couleur de rouille.

ÉTAIN ET ANTIMOINE. L'étain s'oxyde avec points brillants et l'antimoine passe.

Coupelle froide. Masse d'un gris presque noir, parsemée de taches blanches de bioxyde d'étain.

Remarque. L'oxyde d'étain prend déjà une teinte grise, lors même que l'alliage ne contient que cinq pour cent d'antimoine.

ÉTAIN ET BISMUTH. L'étain s'oxyde avec points brillants et le bismuth passe.

Coupelle froide. Masse blanche, légèrement jaunàtre.

ÉTAIN ET ZINC. L'étain s'oxyde et le zinc s'enflamme; mais les points incandescents n'ont pas lieu, même avec 80 p. 100 d'étain.

La *coupelle chaude* présente un oxyde plus ou moins vert, selon que l'alliage contenait plus ou moins de zinc.

La *coupelle froide* rend évidente la présence des deux métaux: elle contient un bioxyde pulvérulent d'étain et un 1°oxyde blanc léger de zinc.

Remarque. On peut reconnaître ainsi moins de cinq pour cent de zinc allié à l'étain, si l'on a soin de laminer mince la prise d'essai, et si les surfaces de l'alliage fondu sont renouvelées avec une tige de fer.

ÉTAIN, PLOMB ET ANTIMOINE. Qu'avons-nous dit en parlant de l'étain et de l'antimoine? Que l'oxyde refroidi était d'un gris noir parsemé de points blancs; et en parlant de l'étain et du plomb? que l'oxyde blanc présentait des taches jaunes· Eh bien ! c'est aussi ce qui a lieu dans cet essai : l'oxyde est d'un gris plus ou moins noir et offre des parties blanches et d'autres légèrement jaunàtres.

Remarque. Toutes ces coupellations doivent être faites à une température élevée.

M. Chaudet qui s'est livré à toutes ces opérations, les a faites avec des matières pures ; mais comme les faux monnayeurs se servent des premiers métaux venus contenant toujours du cuivre, les essayeurs feront bien de se servir des métaux du commerce pour préparer, avec des alliages divers, un certain nombre de coupelles qu'ils conserveront sous verre, pour faire au besoin leurs comparaisons.

OPÉRATIONS CHIMIQUES.

Pour bien comprendre l'analyse des alliages faits avec deux ou plusieurs des métaux dont nous venons de parler, l'essayeur doit bien se pénétrer des principes de chimie et des règles d'exécution ci-après :

1º *L'étain* se dissout dans l'acide azotique à 22º, et se transforme en oxyde d'étain hydraté (*acide métastannique insoluble*, Sn^5O^{10}, 10 HO), lequel, par une chaleur de 100º, perd un équivalent d'eau et devient Sn^5O^{10}, 5HO.

100 de ce dernier oxyde représentent 70,17 de métal.

Remarque. Si pour sécher le filtre, on dépassait la chaleur de 100º, l'oxyde perdrait son dernier équivalent d'eau, et l'on commettrait infailliblement une grave erreur dans l'appréciation du poids. Le meilleur moyen d'éviter cet accident consiste à employer des assiettes placées au-dessus de la vapeur d'eau bouillante.

2º *L'antimoine* se dissout dans l'acide azotique à 22º et se transforme en oxyde d'antimoine insoluble (*antimoniate de 1º oxyde d'antimoine*, Sb^2O^3, Sb^2O^5).

100 parties de cet oxyde représentent 80, 13 de métal.

3º *Le plomb, le zinc et le bismuth* se dissolvent dans l'acide azotique à 22º (*a*).

(*a*) La dissolution azotique de bismuth, évaporée en consistance syrupeuse et étendue de 40 à 50 fois son volume d'eau, donne un précipité de sous-azotate de bismuth.

4° *L'antimoine et le bismuth* ne sont pas attaqués par l'acide chlorhydrique à 23°. (*a*)

5° *L'étain, le plomb et le zinc* se dissolvent dans cet acide.

6° *Le plomb* est précipité de sa dissolution azotique par le sulfate de soude.

100 de ce sulfate (PbO, SO^3) représentent 68, 36 de plomb.

7° *Le zinc* précipité de sa dissolution azotique par le carbonate de potasse, donne un carbonate de zinc hydraté qui perd ses équivalents d'eau et son acide carbonique par la calcination.

100 de cet oxyde (ZnO) représentent 80, 16 de zinc.

8° *L'oxyde hydraté de zinc* est soluble dans la potasse caustique hydratée.

9° *L'oxyde hydraté de plomb* précipité de sa dissolution azotique par la potasse, se redissout à chaud par un excès de cet alcali.

10° *L'oxyde hydraté de bismuth* précipité de sa dissolution azotique par la potasse liquide, est blanc; mais par l'ébullition du véhicule, il devient jaune et se déshydrate, il est insoluble dans les alcalis.

100 parties de cet oxyde anhydre (Bi^2O^3) représentent 89, 87 de bismuth.

Remarque. Les oxydes d'antimoine et de bismuth, devant être pesés anhydres, peuvent, pour être séchés, supporter une assez forte température.

(*a*) Si on ajoute à la liqueur contenant l'antimoine un peu d'acide azotique, le métal se dissout et l'addition d'une certaine quantité d'eau en précipite un oxychlorure.

Nota. Ces deux expériences peuvent servir à constater plus évidemment la présence du bismuth ou de l'antimoine, mais non à en déterminer les quantités ; car les liqueurs filtrées retiennent l'une et l'autre du sel à l'état acide.

a. Autant que possible , les prises d'essai doivent être de cinq grammes ou deux grammes cinquante centigrammes au moins. Laminez-les avant de les traiter par les acides (*a*).

b. Toutes les dissolutions métalliques doivent se faire dans un petit matras en verre de la contenance de 40 à 50 grammes, si c'est avec de l'acide azotiqne , et de 100 grammes, si c'est avec de l'acide chlorhydrique.

c. L'acide n'occupera jamais plus de la moitié du matras et, pour éviter les soubresauts pendant l'ébullition, il est bon d'y ajouter un morceau de charbon de bois arrondi de la grosseur d'une forte tête d'épingle.

d. Il ne faut pas faire passer un liquide contenant en suspension une matière insoluble , d'un matras à long col dans un entonnoir; transvasez d'abord le tout dans une éprouvette à bec : ce vase est bien plus commode pour verser.

e. Lorsqu'on veut faire naître un précipité dans un liquide, celui-ci doit être également mis dans une éprouvette; sa forme conique se prête à merveille à la réunion du dépôt sous un petit volume.

f. Ne filtrez jamais les liqueurs fort acides, vous brûleriez vos filtres. Commencez par en soutirer la plus grande partie avec une pipette à boule et remplacez-la par de l'eau distillée.

g. Les filtres doivent être en papier blanc, doubles et *équilibrés*, il faut qu'ils ne dépassent l'entonnoir que d'un centimètre au plus. Leur hauteur moyenne sera de 8 centimètres.

h. Afin de ne pas trop les fatiguer, il convient de ne les charger que jusqu'aux deux tiers, sauf, si la liqueur est abondante, à la remplacer au fur et à mesure qu'elle passera.

(*a*) On est quelquefois obligé d'opérer au gramme et même au demi-gramme ; mais les résultats sont moins certains.

i. Avant de laver les filtres chargé d'un précipité, rapprochez-en les bords vers le centre ; de cette manière, vous serez certain de pouvoir en arroser toutes les surfaces. Quand j'opère ce lavage, je me sers d'une pipette pouvant contenir de 12 à 15 grammes d'eau. Avant d'humecter la partie supérieure du filtre, je laisse d'abord échapper le filet d'eau sur toutes les parties de son intérieur, afin de faire descendre le précipité. Attendez toujours que la première eau soit passée pour en remettre de la nouvelle.

j. Le lavage des filtres et des précipités sera complet, quand l'eau passera exempte de corps étrangers, ce qu'on reconnaîtra en essayant de temps en temps par les réactifs convenables.

k. Quand il s'agit de peser un précipité recueilli sur un filtre, voici comment il faut s'y prendre : lorsque la filtration est terminée, et que les filtres lavés ont été séchés, on les dédouble et on les pose séparément sur chaque plateau d'une balance. De cette manière on n'a plus à compter que le poids du précipité.

Ce moyen est, sans contredit, celui qui donne les meilleurs résultats ; car les deux filtres ayant été exposés ensemble à l'action de la même chaleur et des mêmes agents chimiques, se trouvent ainsi placés absolument dans les mêmes conditions.

l. On est certain qu'un filtre est bien séché, lorsque soumis une seconde fois à la chaleur de l'étuve, il donne encore le même poids.

Ces principes bien connus, ces règles parfaitement comprises, nous allons expliquer comment, un alliage étant donné, on peut en déterminer la nature ainsi que la quantité de ses éléments.

Il faut tout d'abord s'assurer de *la présence ou de l'abssence de l'antimoine ou du bismuth.*

Le plomb, le zinc et le bismuth étant solubles dans l'acide chlorhydrique à 23°, si un gramme de la composition allié avec trois ou quatre parties d'étain pur (*a*), laminé mince, coupé en petits fragments, est traité par cet acide et n'y laisse pas de résidu, c'est qu'il ne contient ni antimoine ni bismuth. Mais si, après deux heures et demie d'ébullition, il reste dans l'acide une poussière d'un gris plus ou moins noir qui cesse de diminuer de volume, c'est qu'il y a de l'un ou de l'autre de ces métaux.

La poudre lavée et séchée sera traitée, dans une petite capsule en verre, par l'acide azotique : elle se transformera en oxyde insoluble, si c'est de l'antimoine, et se dissoudra si c'est du bismuth.

ALLIAGES EXEMPTS D'ANTIMOINE ET DE BISMUTH.

L'alliage s'étant complètement dissous dans l'acide chlorhydrique, il est devenu évident qu'on ne peut avoir affaire qu'à l'un ou à l'autre des alliages suivants :

Etain et plomb.

Etain et zinc.

Etain, zinc et plomb.

ETAIN ET PLOMB. Prenez cinq grammes de l'alliage ; laminez mince et coupez par petits morceaux ; puis traitez par l'acide

---

(*a*) Cet alliage se fait dans un petit creuset porté à l'entrée de la moufle d'un fourneau, à une douce chaleur. Avant de couler le métal dans une petite lingotière, on doit avoir soin de bien mélanger la matière avec un petit morceau de bois.

Si la chaleur du fourneau était trop élevée, on recouvrirait l'alliage d'une couche de charbon pulvérisé, afin d'éviter la volatilisation des métaux.

azotique à 22°. L'effervescence terminée, laissez refroidir, filtrez, lavez, etc.

Réunissez les eaux de lavage et ajoutez-y un excès de sulfate de soude, il y aura formation de sulfate de plomb insoluble. Filtrez et lavez.

Les liqueurs reprises par le carbonate de potasse ne devront pas donner de carbonate de zinc.

Faites sécher les deux filtres et pesez.

Remarque. Il faut laisser se former le sulfate de plomb pendant 24 heures, car il est très-lent à se produire. On agite la liqueur de temps en temps, et, au moyen d'un petit pinceau, on fait descendre le précipité qui s'attache aux parois de l'éprouvette.

ÉTAIN ET ZINC. Même opération. Ici, le sulfate de soude ne donnera pas un précipité de sulfate de plomb ; mais le carbonate de potasse donnera un carbonate de zinc qui ne commencera à se former qu'après la neutralisation de l'acide azotique libre.

La quantité d'étain connue, la présence du zinc constatée, on pourra conclure la quantité de ce dernier métal, à moins qu'on ne préfère poursuivre l'opération. Dans ce cas, il faudra recueillir tout le carbonate insoluble dont la composition est très-variable et le réduire par la calcination à l'état d'oxyde (*a*).

(*a*) Les chimistes pensent que, généralement, le carbonate de zinc peut être considéré comme résultant de l'union de deux équivalents de carbonate de zinc avec trois équivalents d'hydrate d'oxyde de zinc, $(ZnO,CO^2)^2 (ZnO,HO)^3$, mais ils admettent aussi que le carbonate et l'oxyde peuvent se combiner en plusieurs autres proportions.

On pourrait bien obtenir l'oxyde hydraté par la potasse ou l'am-

Mais j'invite les essayeurs à négliger cette dernière expérience ; en voici les raisons :

1° Le précipité de carbonate hydraté, extrêmement léger, presque gélatineux, ne peut être reçu sur un filtre ; car il devient trop difficile, quand il est sec, de l'en détacher totalement.

2° Quelque considérables que soient les lavages, il est douteux que, sans employer la filtration, on parvienne à faire disparaître tout l'azotate de potasse qui est en dissolution.

3° On évapore dans une capsule de porcelaine l'eau dans laquelle est suspendue la masse gélatineuse; mais quand le précipité est sec, il adhère toujours un peu aux surfaces sur lesquelles il repose. Il est impossible alors de le séparer sans perte, pour le reporter ensuite dans un creuset.

Comme on le voit, cette opération exige beaucoup de temps et présente de grandes difficultés : il vaut mieux se borner à conclure.

ÉTAIN, ZINC ET PLOMB. Même opération que pour l'étain et le zinc. Si la liqueur dans laquelle se trouve l'oxyde d'étain, après avoir donné un précipité avec le sulfate de soude, en donne aussi un avec le carbonate de potasse, c'est qu'elle contient du plomb et du zinc. On détermine ces trois métaux comme nous venons de le voir.

ALLIAGES CONTENANT DE L'ANTIMOINE.

L'alliage étant reconnu pour tenir de l'antimoine, on opèrera ainsi :

Prenez-en cinq grammes, inquartez-les avec de l'étain,

---

moniaque, mais il serait à craindre qu'un léger excès d'alcali ne vint à en dissoudre une portion.

comme nous l'avons dit, et par le moyen de l'acide chlorhydrique à 23°, mettez l'antimoine à nu. Pesez, et admettons que
son poids soit de 60 centigrammes.

Reprenez cinq autres grammes du même alliage et procédez
comme si vous n'aviez absolument affaire qu'à un alliage d'étain,
de plomb et de zinc.

Après, vous être fixé sur la quantité de précipité formé dans
l'acide azotique, vous ferez le calcul suivant : Si 80,13 d'antimoine représentent 100 d'antimoniate de 1° oxide, combien
60 en représenteront-ils? = 74,89. Retranchez 74 centigrammes 89 milligrammes de la masse du précipité, il vous
restera la quantité d'oxyde d'étain et alors la proportion de ce
métal sera facile à connaître.

ALLIAGES CONTENANT DU BISMUTH.

Les alliages contenant du bismuth ne peuvent être que
ceux-ci :

Bismuth, étain.
Bismuth, étain et plomb.

Déterminez par l'acide chlorhydrique la quantité de bismuth
comme vous l'avez fait pour l'antimoine.

D'autre part, soumettez cinq autres grammes de l'alliage à
l'action de l'acide azotique à 22° ; l'étain seul se transformera
en oxyde. Décantez, lavez avec de l'eau acidulée, décantez de
nouveau ; lavez avec de l'eau distillée ; filtrez, lavez le filtre ;
séchez et pesez.

Remarque. Il est nécessaire que les premières eaux de lavage
versées dans l'éprouvette soient fortement acidulées; car l'eau
seule précipiterait une certaine quantité de sous-azotate de
bismuth qui augmenterait le poids de l'oxyde d'étain et ferait
commettre une erreur.

La quantité de bismuth et d'étain étant connue, le plomb,

après qu'on en aura constaté la présence par le sulfate de soude, sera conclu.

On peut aussi opérer sans employer l'acide chlorhydrique.

Après avoir séparé de l'acide azotique l'oxyde d'étain et après l'avoir lavé, on réunit les liqueurs dans une capsule de porcelaine, puis on les concentre par évaporation. Tandis qu'elle sont encore en ébullition, on y verse de la potasse caustique liquide en un excès tel, que non-seulement l'acide libre et l'acide combiné soient neutralisés, mais encore que l'oxyde de plomb, qui s'est précipité avec l'oxyde de bismuth, soit redissous. En ce moment, le iquide doit ramener au bleu le papier de tournesol rougi par un acide. L'oxyde de bismuth, insoluble dans les alcalis, restera seul. Vous le pèserez, après l'avoir filtré, lavé et séché de manière à lui faire perdre son eau combinée. Le plomb, s'il en existe, sera conclu, à moins qu'on ne préfère le précipiter à l'état de sulfate. Pour cela, il faudra reprendre par l'acide azotique la dissolution alcaline d'oxyde de plomb, et faire la double décomposition par le sulfate de soude.

Remarque. Dans toutes ces opérations, si je n'ai jamais parlé du cuivre, c'est qu'il ne s'y trouve qu'accidentellement allié au plomb, en petite proportion. Cependant, il serait utile de s'en debarrasser, si on supposait qu'il existât en assez grande quantité pour altérer les précipités qu'on a l'intention d'obtenir.

Versez avec précaution, dans la liqueur privée d'étain, une dose d'ammoniaque suffisante pour précipiter et redissoudre en bleu tout l'oxyde de cuivre. Ajoutez-y alors du sulfure de sodium liquide, jusqu'à décoloration totale. Filtrez pour séparez le sulfure.

Ce mode d'analyse, dit Pelouse, peut être exécuté en face d'un certain nombre de métaux étrangers, tels que le plomb, l'étain, le zinc, l'antimoine, etc., qui ne commencent à se décomposer qu'après la décoloration.

IV.

DEUXIÈME ESPÈCE.

ALLIAGES CONTENANT OR EN ARGENT.

Il est excessivement rare que les essayeurs soient appelés à analyser les pièces contenant or et argent. Le prix élevé de quelques-uns des métaux qui les composent, leur dureté, leur peu de fusibilité, la difficulté de se procurer les instruments nécessaires à les transformer en monnaie, le danger d'avoir chez soi de faux poinçons, sont autant d'obstacles pour les faussaires. Aussi voit-on peu d'hommes assez insensés, ou assez audacieux pour oser se livrer à ce genre de fraude doublement criminel.

On peut diviser ces pièces en quatre genres :

1° *Pièces argentées* ;
2° *Pièces dorées* ;
3° *Pièces fourrées* ;
4° *Pièces d'or et d'argent à un titre inférieur à 900 mill.*

PIÈCES ARGENTÉES.

Lorsqu'une pièce, limée sur un de ses bords, présente un intérieur jaune, ou que son *tracé plein* sur une pierre de touche ne donne pas, avec l'acide chloro-azotique, un dépôt bien marqué de chlorure d'argent, c'est qu'elle n'est qu'argentée. La fraude est alors découverte : la pièce est en cuivre ou en une des compositions précédentes.

PIÈCES DORÉES.

Lorsqu'une pièce coupée sur l'un de ses bords présente un intérieur dont la couleur diffère de celle de la surface ou bien que sa trace sur une pierre de touche s'efface, ou se transforme en chlorure, ou reste blanche et brillante, c'est qu'elle n'est que dorée.

Afin de mieux apprécier la nature de cette pièce, on commencera par enlever la mince enveloppe d'or dont elle est recouverte, par un traitement à froid dans de l'eau régale à 12° ou 15°.

Lavée et bien essuyée, si elle donne sur la pierre de touche une ligne plus ou moins jaune, qui s'efface entièrement par l'acide chloro-azotique préparé pour les touchaux, c'est qu'elle est formée d'un alliage à base de cuivre.

Elle est au contraire à base d'argent, si la touche est blanche et si, par l'acide, elle se transforme en un dépôt blanc qui brunit à la lumière.

Mais si l'acide n'a aucune action sur cette même touche, qu'il n'altère en rien ou du moins très peu son éclat métallique; si d'ailleurs la pesanteur du métal est assez considérable, c'est qu'alors il est formé de platine ou de platine et d'argent.

Argent, on le pousse à la coupelle ; platine ou platine et argent, on le considère comme *Flan* de pièces fourrées, et on l'essaie comme tel.

PIÈCES FOURRÉES.

On appelle pièces fourrées celles qui ont un *Flan* de platine, ou de platine et d'argent, recouvert par les deux surfaces et la tranche d'un bonne pièce d'or.

Ces différentes parties n'étant reliées entre elles que par de l'argent, ou tout simplement de la soudure des plombiers, on commence par les isoler au moyen de l'acide azotique à chaud.

Alors, pour s'assurer de la composition du *Flan*, on en prend un gramme que l'on dissout dans l'eau régale. Si la liqueur, au lieu d'être jaune verdâtre (aspect que présente la dissolution d'or), est d'un rouge foncé, approchant de la couleur pourpre, et que, débarrassé par l'évaporation de la plus grande partie de son acide, elle donne, avec une dissolution concentrée de chlorydrate d'ammoniaque, un chloro-platinate d'ammoniaque jaune (*chlorydrate d'ammoniaque et chlorure de platine*), presqu'insoluble dans l'eau froide, c'est qu'il est formé de platine seulement. Mais si, indépendamment de la couleur rouge, il y a en même temps formation de précipité blanc caillebotté, c'est que le platine contenait de l'argent, qui, après s'être dissous, s'est transformé en chlorure.

Le *flan*, étant composé de platine et d'argent, dans quelles proportions ces deux métaux s'y trouvent-ils ? Il est hors de doute, qu'en employant cet alliage, le fabricateur a voulu donner à son métal la pesanteur de l'or. Eh bien! pour arriver à ce résultat, il a dû admettre les chiffres suivants : platine, 795, argent, 205 millièmes.

Mais il s'agit de déterminer d'une manière précise cette composition.

L'essai à la coupelle du platine et de l'argent alliés, quand surtout la proportion du premier métal domine, présente de nombreuses difficultés : il est nécessaire d'opérer à un degré de chaleur si élevé, qu'on ne peut pas toujours l'atteindre; les doses de plomb doivent être telles que des surcharges plus ou moins considérables deviennent inévitables ; le laminage des boutons se fait avec la plus grande peine, et le cornet, après le départ, est presque toujours brisé.

Tous ces inconvénients n'existent plus, dès qu'on a affaire à un alliage comme celui-ci : or, 900 millièmes, platine et argent réunis, 100 millièmes.

Établissons donc avec notre alliage une composition semblable ; rien n'est plus facile.

Or fin, 450 millièmes (car l'opération se fait au demi-gramme), matière du *flan*, 50 millièmes.

Passez un fond de la moufle, à la plus haute température possible, avec deux ou trois grammes de plomb.

Le bouton représentera, exempt de cuivre, si toutefois la matière en contenait, l'alliage d'or, de platine et d'argent. prenez-en le poids.

Au moyen d'un gramme de plomb, inquartez le bouton de retour avec 1400 millièmes d'argent fin ; laminez mince, faites le cornet et opérez le départ , à deux reprises différentes , 10 minutes chaque fois, avec de l'acide sulfurique pur à 66° de Beaumé.

Le cornet lavé et recuit vous donnera la quantité d'or et de platine réunis. Mais comme l'expert sait qu'il a employé 450 millièmes d'or fin, il est devenu évident pour lui que le surplus est du platine, et que la différence de poids entre le bouton et le cornet, est la quantité d'argent. Il terminera, puisque sa prise d'essai n'était que de 50 millièmes ou de un vingtième de gramme, en multipliant par 20 le chiffre représentant le platine et celui représentant l'argent.

1re Remarque. Les matras servant au départ avec l'acide sulfurique doivent avoir le col moins allongé que ceux employés pour les essais d'or. M. Chaudet leur donne 18 centimètres.

2e Remarque. Il ne faut décanter la liqueur qui repose sur le cornet, que lorsqu'elle est à peu près réfroidie ; sans cette précaution, le matras casserait infailliblement à cause du haut degré de chaleur de l'acide sulfurique.

3e Remarque. Les proportions de platine ne peuvent jamais être estimées rigoureusement ; car, indépendamment de la perte faite en opérant au vingtième, l'acide sulfurique employé à dissoudre l'argent enlève aussi quelques millièmes de ce métal. Néanmoins, le moyen que je viens de donner me paraît encore le plus exact, en même temps qu'il est très-certainement le plus facile.

4ᵉ Remarque. Si l'expert croit devoir s'assurer du titre de l'or qui recouvrait la pièce, il n'en fera l'essai qu'après avoir fait disparaître les traces de soudure, avec de l'acide azotique à chaud.

PIÈCES D'OR ET D'ARGENT A UN TITRE INFÉRIEUR A 900 Mᵐᵉˢ.

Les opérations ayant pour but la connaissance du titre de l'or et de l'argent étant familières aux essayeurs, je n'ai point à m'en occuper.

V.

DE QUELQUES FORMALITÉS A REMPLIR PENDANT ET APRÈS L'INSTRUCTION.

L'essayeur appelé par la justice pour lui prêter le secours de son art, devra observer très-exactement quelques formalités, s'il ne veut pas s'exposer à de fausses et nombreuses démarches. Je ne crois pas sortir du cadre que je me suis tracé, en consacrant un dernier chapitre à les faire connaître.

Lorsque le juge d'instruction mande l'essayeur et le requiert de procéder à l'examen de fausses pièces de monnaie, il lui fait prêter le serment de remplir sa mission avec honneur et conscience, et lui remet ensuite les pièces de conviction ainsi qu'une ordonnance contenant toutes les questions dont la solution est nécessaire à l'instruction.

L'expert doit immédiatement réclamer du greffier un **double** de cette ordonnance, on verra tout à l'heure l'utilité de cette seconde pièce.

Parmi les questions plus ou moins nombreuses adressées à l'expert, se trouvent presque toujours celles-ci :

1° Les pièces sont-elles fausses ?

2° Quelle est leur composition ?

3° Indiquez leur mode de fabrication ?

4° Le même type a-t-il servi pour plusieurs moules ?

5° Le même moule a-t-il servi pour plusieurs pièces ?

6° L'alliage (en lingot ou sous toute autre forme) *trouvé chez l'inculpé a-t-il des rapports avec la composition des pièces ?*

L'essayeur doit répondre très-catégoriquement et d'une manière concise aux questions qui lui sont faites ; mais il est de toute nécessité qu'il soit prêt à donner à la défense, comme à l'accusation, toutes les explications qui pourraient lui être demandées.

Si l'expert, après avoir satisfait aux conditions de son mandat, croit, dans l'intérêt de la justice, avoir d'autres renseignements à donner, il serait coupable d'hésiter : il faut qu'il les consigne dans son rapport qui doit, aussi vite que possible, être remis au juge d'instruction, avec toutes les pièces que ce magistrat lui a confiées, *moins la copie de l'ordonnance.*

La date et le but de l'ordonnance du juge d'instruction, ainsi que le serment, doivent être relatés, *cela est de rigueur,* dans le préambule du rapport.

A l'envoi ci-dessus, l'essayeur doit joindre un petit billet indiquant le nombre de ses vacations. Ce renseignement est utile au juge qui doit adresser au procureur-général, avec les pièces de l'instruction, l'état des premiers frais.

Sans s'occuper du procès qui peut avoir ou n'avoir pas lieu, l'essayeur, dans les deux ou trois mois qui suivent, adresse son mémoire des frais d'expertise au procureur-impérial, dans la forme du modèle ci-après. A ce mémoire fait en double, l'un sur papier timbré de 35 centimes, l'autre exactement conforme, sur une feuille de papier libre, doit être annexée la copie de l'ordonnance qui ordonne l'expertise.

Le procureur impérial, après l'avoir vérifié, signe le réquisitoire, le président du tribunal l'exécutoire; et bientôt, le mémoire sur papier timbré, ainsi que la commission qui l'accompagnait, sont renvoyés à l'expert pour lequel ces deux pièces sont indispensables quand il se présente au bureau de l'enregistrement pour y recevoir la somme qui lui est due.

MODÈLE DE MÉMOIRE.

ART. 144.

Recto de la feuille de papier timbré.

FRAIS DE JUSTICE CRIMINELLE.				MÉMOIRE des vacations dues au sieur N..., essayeur des matières d'or et d'argent à..., comme expert délégué par la justice pendant les mois de... 18...		
MOIS DE.... ET MOIS DE.... N... essayeur de garantie						

NUMÉRO d'ordre	DATES des VACATIONS.	NATURE des crimes, délits et contraventions	AUTORITÉS qui ont requis LES ACTES.	LIBELLÉ DES OPÉRATIONS.	NOMBRE DES VACATIONS	
					JOUR.	NUIT.
1°		Contrefaçon de monnaies d'argent et émission de fausses monnaies.	M. S.. , juge d'instruction, à....	La mission confiée à l'expert consistait à rechercher et à constater si toutes les pièces fausses réunies par l'instruction dans l'affaire de B... et consors étaient composées ou non des mêmes éléments, dans les mêmes proportions, et provenaient ou non de la même fabrication.	8	
2°		Contrefaçon de monnaies d'argent et émission de fausses monnaies.	M. L...., juge d'instruction, à....	La mission confiée à l'expert consistait à expertiser les fausses pièces de monnaie saisies, ainsi que les pièces de conviction, dans l'affaire des nommés X... et Z...	9	
				TOTAL DES VACATIONS.	17	

RÉCAPITULATION.	NOMBRE.	PRIX.	MONTANT.	ARTICLE DU RÈGLEMENT.	TAXE DU JUGE.
Vacations de jour : 1re affaire. 2° affaire.	8 9	4 fr. 4	32 36 68	Art. 22 du règlement du 18 juin 1811.	32 36 68

Je soussigné, expert juré, certifie le présent mémoire sincère et véritable pour la somme de soixante-huit francs.

(Le lieu, la date.)   (La signature.)

RÉQUISITOIRE.	**EXÉCUTOIRE.**

RÉQUISITOIRE.

Nous, procureur impérial de l'arrondissement de   , vu les articles 16 et 22 du règlement du 18 juin 1811, et les pièces jointes au présent mémoire, requérons, conformément à l'article 140 du même règlement, qu'il soit délivré exécutoire par le Président de première instance de   sur la caisse de l'administration de l'enregistrement des domaines, pour la somme de *soixante-huit francs.*

(Le lieu, la date.)

EXÉCUTOIRE.

Nous, président de première instance de l'arrondissement de   , vu le réquisitoire ci-contre et les pièces jointes au mémoire, avons arrêté et rendu exécutoire ledit mémoire, pour la somme de *soixante-huit francs*, montant de la taxe que nous avons faite, et, attendu qu'il n'y a pas de partie civile en cause, ordonnons que cette somme sera payée au sieur N...., essayeur de la garantie, par le receveur de l'enregistrement au bureau de

(Le lieu, la date).

Telle est la marche qui doit être rigoureusement suivie. Cependant, le Juge d'instruction, connaissant le nombre des vacations, peut envoyer immédiatement à l'expert une ordonnance de taxe conçue dans les termes des art. 133 et 134, *comme s'agissant de frais urgents à payer à une partie qui n'est pas habituellement employée.* De sorte que, sans faire de mémoire, l'expert peut recevoir le prix de ses vacations sur simple quittance faite en double, l'une sur l'ordonnance du juge et l'autre sur papier timbré.

Voici du reste les articles du décret du 18 juin 1811, sur lesquels repose tout ce que je viens de dire concernant les états de frais des experts.

ART. 1er. L'administration de l'enregistrement continuera de faire l'avance des frais de justice criminelle pour les actes et procédures qui seront ordonnés d'office ou à la requête du ministère public.

ART. 2. Sont compris sous la dénomination de frais de justice, les honoraires des experts.

ART. 16. Les honoraires et vacations des experts, à raison des opérations qu'ils feront, sur le réquisitoire de nos officiers de justice, seront réglés ainsi qu'il suit :

ART. 22. Chaque expert recevra, pour chaque vacation de trois heures, et pour chaque rapport, lorsqu'il sera écrit, savoir:

A Paris, *cinq francs.*

Dans les villes de 40,000 habitants et plus, *quatre francs.*

Dans les autres villes et communes, *trois francs.*

Il ne pourra être alloué, pour chaque journée, que *deux* vacations de jour et *une* de nuit.

Les vacations de nuit seront payées *moitié en sus.*

ART. 132. Le mode de paiement des frais diffère suivant leur nature et leur urgence; il est réglé ainsi qu'il suit :

ART. 133. Les frais urgents seront acquittés sur simple taxe et mandat du juge mis au bas des réquisitoires, copies de convocations ou de citations, états ou mémoires des parties

Art. 134. Sont réputés urgents, toutes dépenses relatives à des fournitures ou *opérations* pour lesquelles les parties prenantes ne sont pas habituellement employées.

(*a*) Art. 138. Les dépenses non réputées urgentes seront payées sur les états ou mémoires des parties prenantes, revêtus de la taxe et de l'exécutoire du juge et du *visa* du préfet.

(*aa*) Art. 139. Les états ou mémoires seront taxés article par article, et l'exécutoire sera délivré à la suite, le tout dans la forme prescrite par notre grand juge, ministre de la justice.

La taxe de chaque article rappellera la disposition du présent décret sur laquelle elle sera fondée.

Art. 140. Les formalités de la taxe et de l'exécutoire seront remplies sans frais par les présidents et les juges d'instruction, chacun en ce qui les concerne.

L'exécutoire sera décerné sur le réquisitoire de l'officier du ministère public, lequel signera la minute de l'ordonnance.

(*a*) (*aa*) Par suite de modifications apportées à ce décret par une ordonnance royale du 28 novembre 1838, les articles 138 et 139 ont été abrogés et remplacés par les deux articles suivants :

Art. 1er. Les états ou mémoires des frais de justice non réputés urgents, et les états récapitulatifs des frais urgents ne seront plus soumis au visa des préfets.

Art. 3. Les frais non réputés urgents continueront à être payés sur les états ou mémoires des parties prenantes. Ils seront taxés article par article par les Présidents et Juges des Cours et Tribunaux, et ils seront payables aussitôt qu'ils auront été revêtus de l'ordonnance du magistrat taxateur. — Cette ordonnance sera toujours décernée sur le réquisitoire de l'officier du ministère public, qui devra préalablement procéder à la vérification des mémoires. — La taxe de chaque article rappellera la disposition législative ou réglementaire sur laquelle elle sera fondée.

Art. 144. Les états ou mémoires seront dressés de manière que nos officiers de justice puissent y apposer leurs taxes et exécutoires ; autrement ils seront rejetés.

(*a*) Art. 145. Il sera fait de chaque état ou mémoire trois expéditions, dont une sur papier timbré, et deux sur papier libre.

Chacune de ces expéditions sera revêtue de la taxe et de l'exécutoire du juge et du *visa* du Préfet.

La première sera remise au payeur avec les pièces au soutien des articles susceptibles d'être justifiés.

Le prix du timbre tant de l'état ou du mémoire que des pièces à l'appui, est à la charge de la partie prenante.

L'une des expéditions sur papier libre restera déposée aux archives de la Préfecture ; l'autre sera transmise à notre grand juge, ministre de la justice.

Art. 146. Les états ou mémoires qui ne s'élèveront pas au-dessus de *dix francs*, ne seront pas sujets à la formalité du timbre.

(*b*) Art. 149. Les exécutoires qui n'auront pas été présentés au *visa* du Préfet dans le délai d'une année, à compter

---

(*a*) Cet article a été ainsi modifié par l'ordonnance du 28 novembre.

Art. 2 Il ne sera plus fait que deux expéditions de chaque état ou mémoire de frais de justice non réputés urgents, l'une sur papier timbré, l'autre sur papier libre. — Chacune de ces expéditions sera revêtue de la taxe et de l'exécutoire du juge. — La première sera remise au receveur de l'enregistrement avec les pièces au soutien des articles susceptibles d'être ainsi justifiés ; la seconde sera transmise au ministre de la justice. — Le prix du timbre, tant du mémoire que des pièces à l'appui, est à la charge de la partie prenante.

(*b*) Article rapporté par l'ordonnance précitée et remplacé par celui-ci :

Art. 5. Les mémoires qui n'auront pas été présentés à la taxe du juge dans le délai d'une année à partir de l'époque à laquelle les de l'époqne à laquelle les frais auront été faits, ou dont le paiement n'aura pas été réclamé dans les six mois de la date du *visa*, ne pourront être acquittés qu'autant qu'il sera justifié que les retards ne sont point imputables à la partie dénommée dans l'exécutoire.

Cette justification ne pourra être admise que par notre grand juge, ministre de la justice, après avoir pris l'avis de nos procureurs généraux, ou des Préfets, s'il y a lieu.

Enfin, si par suite de l'instruction, les inculpés doivent comparaître devant la cour d'assises, l'expert y est appelé comme simple témoin et reçoit comme tel, *un franc cinquante centimes*, par myriamètre parcouru, tant en allant qu'en revenant, s'il est appelé hors de son arrondissement. (Décret du 7 avril 1813).

Si au contraire, il n'est pas appelé hors de son arrondissement, ou bien s'il habite la ville où siége la cour, il ne lui est alloué que la taxe fixée par l'article 27 du décret du 18 juin 1811, ainsi conçu :

ART. 27. Pour chaque jour que le témoin aura été détourné de son travail ou de ses affaires, il pourra lui être taxé, savoir:

A Paris, *deux francs*.

Villes de 40,000 âmes et au-dessus, *un franc cinquante centimes*.

Dans les autres villes, *un franc*.

---

frais auront été faits, ou dont le paiement n'aura pas été réclamé dans les six mois de leur date, ne pourront être acquittés qu'autant qu'il sera justifié que les retards ne sont pas imputables à la partie dénommée dans l'exécutoire. — Cette justification ne pourra être admise que par notre ministre de la justice, après avoir pris l'avis de nos procureurs-généraux.

Lille. Imp. de Lefebvre-Ducrocq.

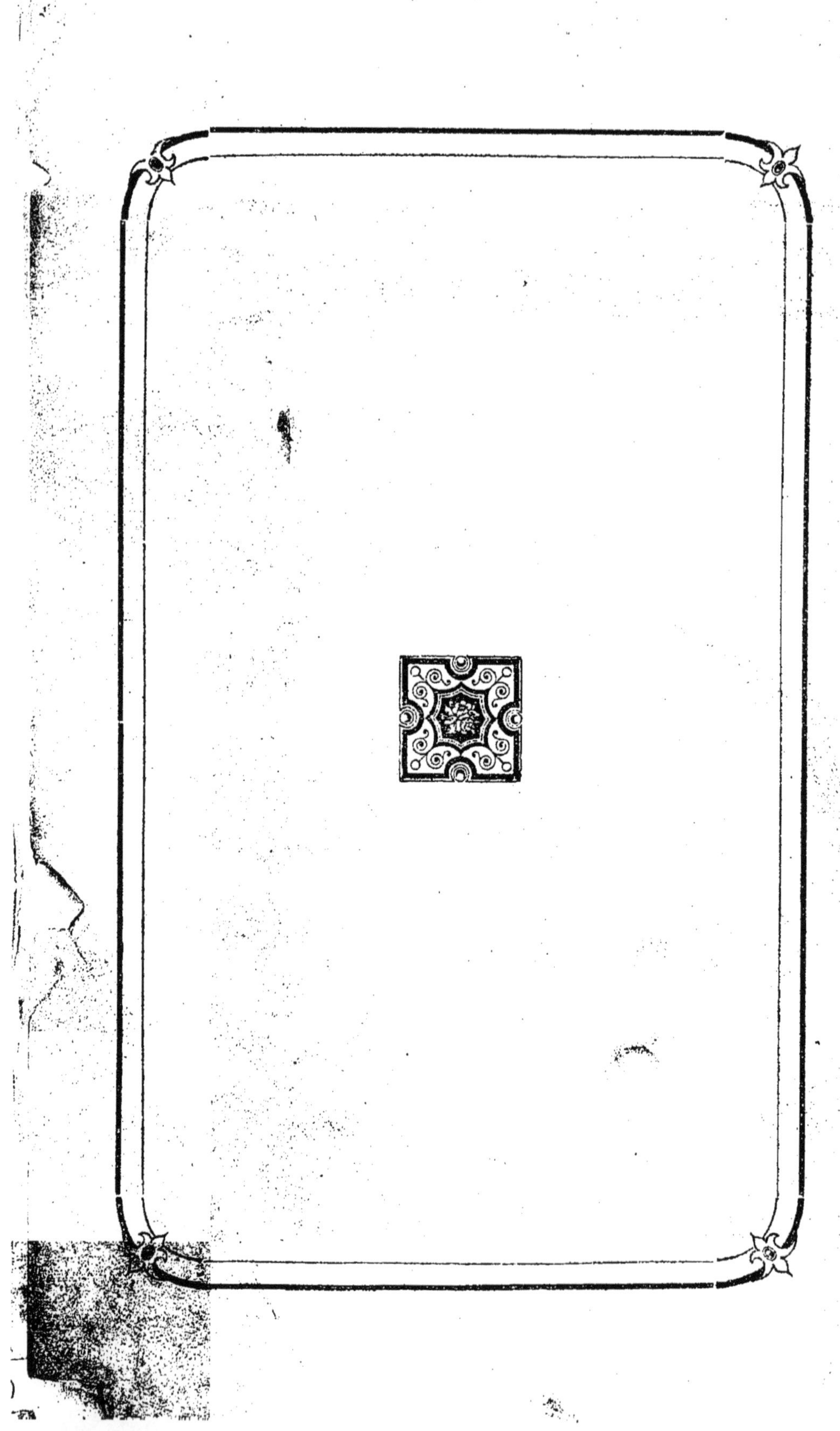